AF330448

GÉNÉALOGIE

DE LA

MAISON DE PUISEUX

SGRS ET COMTES PUISEUX

(Orléanais — Ile de France.)

1891

ÉDITÉ AUX BUREAUX DE L'ARMORIAL FRANÇAIS

47, Boulevard de la Tour-Maubourg

PARIS

GÉNÉALOGIE

DE LA

MAISON DE PUISEUX

Sgrs et Comtes de PUISEUX.

(Orléanais — Ile-de-France.)

GÉNÉALOGIE

DE LA

MAISON DE PUISEUX

La terre de Puiseux, située dans le comté de Dreux, sur les confins de l'Orléanais et de l'Ile-de-France, a donné son nom à une maison d'ancienne chevalerie qui fait remonter sa filiation à RAOUL MARTIN DE PUISEUX, chevalier, seigneur du dit lieu en 1253 (*titre original*).

Cette terre d'une grande étendue et d'un apport considérable comprenait les seigneuries de Gironville-Boullay-Mivoye et Marville-Montier-Brûlé.

Après Raoul Martin de Puiseux, un cartulaire mentionne, en 1355, ARNOUL ou ERNOUL DE PUISEUX servant comme homme d'armes (*titre original*).

En 1378, GILLES DE PUISEUX est chanoine de Noyon et acquiert de C. de Chantesay certaine redevance annuelle (*titre original.*)

Charles VI, roi de France, par une ordonnance datée de Paris, le 26 décembre 1393, accorde une indemnité de deux cents livres en or à ERNOUL DE PUISEUX, chevalier, et son maistre d'hostel.

Le même roi de France, en date du 3 février 1409, autorise l'augmentation des gages de COLINET DE PUISEUX, escuier-pannetier, capitaine du pont royal de Saint-Cloud (*Bibliothèque Nationale*),

Noble homme, BLANCHET DE PUISEUX, escuier, seigneur de Puiseux-les-Louvres, en Parisis, le 30 avril 1412, vend une rente annuelle (*Bibliothèque Nationale*).

ETIENNE DE PUISEUX, était chambellan et maistre d'hostel de Louis XI, roi de France, ainsi que le prouve une charte de quittance en date du 14 juin 1480 (*titre original*).

Une épitaphe de 1568 porte : « Cy devant gist noble femme Jehane

« Braque, originaire de Montargis, en son vivant, dame de Puyseux
« et Chastillon-sur-Loing, et femme d'honorable homme Paschal Per-
« ret, marchand de la ville de Sens (*pièce originale, t. 493, Braque,*
« *p. 148*). (1)

Cette alliance n'avait rien de particulièrement brillant ; mais il faut
considérer qu'au XVIᵉ siècle, ces unions entre gens inégaux d'origine
n'étaient point choquantes : « La hiérarchie assurait, comme le dit
« fort bien le vicomte Oscar de Poli (2), la plénitude de sa dignité
« propre. Des rapports nécessaires de la vie commune découlaient
« naturellement le respect mutuel, l'estime, la réciprocité, la sympa-
« thie, l'affection entre nobles et bourgeois, et cette fusion prospère
« aboutissait fréquemment à des alliances qui, dans notre temps de
« fausse démocratie, feraient crier au scandale. »

MARTIN DE PUISEUX, dans une revue faite le 24 novembre
1667, figure en qualité de Maréchal de Logis, dans le rôle de la
monstre de 65 hommes de guerre à cheval de la compagnie de
M. Dauger (*titre original*).

Vers le milieu du XVIIᵉ siècle la terre de Puiseux et ses mouvan-
ces passèrent en d'autres mains ; mais le 4 thermidor an IX, elle fit
retour à ses premiers propriétaires, par suite d'un arrangement
conclu entre ces derniers et Marie-Louise-Elisabeth de Lamoignon,
veuve d'Edouard-François-Mathieu Molé de Champlatreux, (*suivant
contrat passé chez Mᵉ Chapellier, notaire à Paris*) (3).

De nouveau, elle dut être vendue en 1833, à la suite d'un jugement
de la Cour d'Assises de la Loire-Inférieure, condamnant à mort le
comte HENRI DE PUISEUX et mettant tous ses biens sous séquestre, pour avoir, comme aide-de-camp du général de Charette, pris
part au soulèvement de la Vendée avec Madame la Duchesse
de Berry (*audience du 10 juin 1833, Gazette des Tribunaux
nᵒ 2445*).

Ce Puiseux qui, un an plus tard, trouva une mort glorieuse en

____

(1) Cette femme d'un marchand était l'arrière petite-fille de « noble et puis-
sant seigneur Monseigneur Jehan Braque, chevalier, seigneur de Saint-Morise-
sur Lavesou, Châstillon-sur-Loing et aultres lieux, maistre du scel du Roy et
conseiller du duc d'Orléans (*Pièce originale p. 56 — Guillery p. 9.*)

(2) *Essai d'introduction à l'histoire généalogique* par le vicomte Oscar de
Poli, président du Conseil Héraldique de France.

(3) À Mᵉ Chapellier ont succédé Mᵉˢ Meignen, père et fils, dont l'étude se trouve
actuellement boulevard Malesherbes, 20.

Portugal, en combattant pour la cause d'une autre légitimité (1), ne faisait d'ailleurs que suivre les traditions de sa famille. A toutes les époques de l'histoire de France, aussi bien pendant les guerres de religion que plus tard pendant celles de la Vendée, les Martin de Puiseux figurent aux premiers rangs des meilleurs gentilshommes. Fidèles serviteurs de la Royauté, ils lui donnèrent sans compter leur sang sur les champs de bataille et quand éclata la grande révolution, ils lui sacrifièrent tout : leur fortune et jusqu'à leur nom (2) afin de pouvoir continuer à défendre, à Paris même, les Princes que les malheurs des temps en éloignaient.

Leur devise : Eux. Puis. Eux. qui, dans le principe, ne fut probablement qu'un jeu de mots comme tant d'autres devises, devint, en 1793, une sanglante réalité. Ceux qui ne périrent pas alors sur l'échafaud ou dans les cachots de la Terreur (3) s'en allèrent à l'armée des Princes et en Vendée.

Deux seulement échappent à la mort : JEAN-BAPTISTE chevalier D'ESPERAMONT, (4) capitaine dans la marine royale, décoré de Saint-Louis, qui poursuit sa carrière et va ensuite rejoindre le corps commandé par S. A. R. le Duc de Berry et ANTOINE MARTIN, Comte DE PUISEUX, le chef de la famille qui, lui, reste en France, et engage une lutte acharnée contre les proscripteurs, lutte dont on peut suivre les péripéties dans les mémoires de l'époque, et dans des notes qu'il a laissées : *Ma conduite au cours de la Révolution. Versailles. 1814.*

Agent secret du comte d'Artois, il essaie de sauvegarder les intérêts les plus chers de la famille royale et y parvient; il arrache à la guillotine de nombreuses victimes. Pour déjouer les poursuites, il se fait tour à tour précepteur, commissaire aux vivres, officier des mines, etc. Il recueille à la porte de son hôtel, dont elle vient d'être chassée, avec ses enfants, la comtesse Molé de Champlatreux, née

----

(1) Mort le 26 mai 1834 devant Santarem, à la bataille d'Asseisseica, entre Golgao et Thomar, eut trois chevaux tués sous lui, se fit attacher à la selle d'un quatrième cheval et aveuglé par ses blessures chargea une dernière fois l'ennemi.

(2) Ce n'est qu'en 1874, qu'en vertu d'un décret en date du 10 décembre de cette année, la famille de Puiseux obtint l'autorisation de reprendre son nom dans les actes de l'état civil.

(3) *Ma conduite au cours de la Révolution* — Versailles — 1814.

(4) Prit part à l'expédition de Saint Domingue — fut fait prisonnier par les Anglais et resta huit ans sur les pontons.

Lamoignon, obtient de partager sa prison et arrive à l'en faire sortir (1).

Inséparable compagnon de l'abbé Eméry, il sauve, le 18 septembre 1792, les élèves de Saint-Sulpice, réfugiés à Issy (2). Logé avec ce même abbé Eméry dans une mansarde près du Châtelet, en face la Conciergerie, il surveille la sortie des condamnés, et tandis que le célèbre Supérieur des Sulpiciens leur donne l'absolution *in articulo mortis*, il suit les fatales charrettes et envoie un dernier encouragement, une dernière parole de consolation aux victimes qui vont offrir leur tête au bourreau.

En décembre 1792, au moment où, dans les quarante-huit sections de Paris, on colporte une adresse à la Convention, demandant la mort du Roi, il monte à la tribune de sa section (section de Beaurepaire), et fait prendre une décision qui rejette l'infâme pétition.

Dans la nuit du 20 au 21 janvier 1793, il assiste au jugement du Roi et ayant protesté, il n'a que le temps de quitter la tribune du *Moniteur* où il s'est introduit avec le chargé d'affaires anglais et de s'enfuir. Il court dans Paris et va frapper à la porte de quelques royalistes fidèles, pour les décider à tenter un coup de main dans le but de sauver, comme il le croit possible encore, la tête de Louis XVI.

Arrêté dans la petite rue Saint-Louis, il se défend et parvient à échapper.

Il deviendra l'âme du complot ayant pour but d'enlever la Reine du Temple, et pénètre plusieurs fois dans le sombre donjon pour mettre aux pieds de l'auguste captive l'humble hommage de son dévoûment.

Il brigue ensuite l'honneur de la défendre et adresse pour cela une lettre à l'accusateur public.

Irrité de tant d'audace, Robespierre le fait rechercher et lance contre lui un nouveau mandat d'amener.

Il s'éloigne alors de Paris et n'y rentre que pour assister à l'agonie du monstre dont il a su si habilement déjouer la haine.

Louis XVIII, pour le récompenser, le mit à la tête d'un des départe-

---

(1) C'est pour exprimer toute sa gratitude à celui qui la sauva, elle et ses enfants, que Madame Molé consentit à céder au comte de Puiseux la terre dont il portait le nom. Elle est morte Supérieure de la Congrégation des sœurs de la Charité à Vannes (1763-1825).

(2) *Ma conduite au cours de la Révolution — Versailles — 1814.*

ments les plus fidèles et les plus royalistes de France, et il meurt le 19 octobre 1826, préfet de Maine-et-Loire.

Il laissa trois fils : LOUIS, HENRI et CHARLES et une fille, NA-THALIE, laquelle après un long exil à Rome, revint en France et fut Supérieure générale de la Congrégation du Bon-Sauveur. Elle fonda en Bretagne le monastère de Bégard.

LOUIS et HENRI DE PUISEUX pénétrèrent en Vendée avec S. A. R. Madame la duchesse de Berry.

Le second, brillant officier d'Etat-major sous la Restauration, avait été chargé, après 1830, par le maréchal de Bourmont de dresser les plans d'un soulèvement royaliste dans l'Ouest et plus tard d'organiser militairement les chouans.

Aide-de-camp du général de Charette, il livra le combat de Maisdon (4 juin 1832), fit des prodiges de valeur et eut son cheval tué sous lui. Grièvement blessé, il fut arrêté et condamné à mort (10 juin 1833.)

L'arrêt de la Cour d'assises de la Loire-Inférieure mit sous séquestre tous les biens de la famille de Puiseux.

C'est alors que la terre de ce nom fut aliénée.

Parvenu à s'échapper du château de Nantes (1), Henri de Puiseux va à Holyrood près du roi Charles X exilé, et rejoint ensuite le maréchal de Bourmont en Portugal. Nommé brigadier par Don Miguel, il marcha à la tête de la cavalerie royale contre les constitutionnels.

Le 26 mai 1834, à la bataille d'Asseisseica, devant Santarem, il est blessé mortellement. Aveuglé par son sang il se fait attacher à la selle de son cheval et charge une dernière fois l'ennemi. On ne put retrouver son cadavre. Les deux partis rendirent hommage à sa valeur. Cette perte mit fin aux espérances du prétendant qui, avec Puiseux, avait la victoire assurée et rentrait dans sa capitale. (2)

LOUIS DE PUISEUX, sous-préfet de Jonzac, envoya sa démission à la Restauration. Sollicité par le gouvernement de Juillet d'accepter une préfecture, il refusa de servir Louis-Philippe et s'en fut près de Charles X. Il rentra ensuite en France et parcourut avec son frère la Bretagne et la Vendée pour y préparer la prise d'armes de 1832.

---

(1) C'est un nommé Conches, guichetier de la prison et républicain connu, qui favorisa cette évasion. La famille de Puiseux lui a servi jusqu'en 1854 une pension. Conches paya cette complaisance de cinq années de détention.

(2) Lettre de Don Miguel.

L'échec de la duchesse de Berry le décida, lui et tous les siens, à se retirer à Rome, où il mourut le 14 janvier 1838, à l'âge de 36 ans.

Leur mère, la comtesse de Puiseux, atteinte par tant de malheurs, décéda la même année et fut également inhumée à Rome.

Le chef actuel de cette maison, MARIE-ANTOINE-CHARLES-LOUIS-HENRI, comte de PUISEUX, fils du comte Charles, est né le 8 novembre 1846. Un des plus anciens compagnons d'armes du général de Charette, il a combattu sous ses ordres en Italie et en France dans les Zouaves pontificaux.

Il a épousé à Vienne (Autriche), le 11 juin 1876, Mlle OLGA-GABRIELLE DE BIEDERMANN, DE USZOGH ET DE MOSGO dont il a trois enfants :

1º LOUIS-ANTOINE-GUSTAVE, né à Paris, le 21 avril 1878.

2º MARIE-DES-NEIGES-ELISABETH-NATHALIE-OLGA-JENNY-ANTOINETTE, née à Vienne (Autriche), le 24 novembre 1882.

3º OLGA-JENNY-NATHALIE-MARIE-THERESE, née à Paris, le 27 septembre 1890.

La famille de Puiseux s'est alliée en France aux Débonnaire de Gif ; aux de la Motte-Débonnaire ; aux de la Motte-Bouilliette ; aux Gournay ; aux d'Ormenain ; aux Villeneuve ; aux d'Yauville ; aux du Noday ; aux Bourlet de Vauxcelles ; aux Bourlet de Saint-Aubin ; aux Isard de la Cour ; aux Lentillac, etc., etc.

Armes : *D'azur, au chevron d'argent, accompagné en chef de deux étoiles d'or et en pointe d'une quintefeuille du second. —* Devise : *Eux. Puis. Eux. —* Couronne de *Comte. —* Supports : *Deux lions.*

NOTES ET DOCUMENTS

Titre original relatif à Raoul Martin de Puiseux chevalier, seigneur de Puiseux en 1253.

(Archives de la famille).

Titre original, cartulaire de 1355 établissant que Arnoul ou Enoul de Puiseux servait comme homme d'armes.

(Archives de la famille).

Titre original, contrat d'acquisition de 1378, passé entre Gille de Puiseux, chanoine de Noyon et C. de Chantesay pour une redevance annuelle.

(Archives de la famille).

Brevet du roi de France, daté de 1409, autorisant l'augmentation des gages de Colinet de Puiseux, escuier-panetier, capitaine du Pont-Royal de Saint-Cloud.

(Bibliothèque nationale).

Acte de vente d'une rente annuelle consentie par Blanchet de Puiseux escuier, seigneur de Puiseux, le 30 avril 1412.

(Bibliothèque nationale).

Charte de quittance, consentie par Louis XI en faveur d'Etienne de Puiseux, chambellan et maistre d'hostel du roi de France, 1480.

(Titre original).

Epitaphe de 1568 de dame de Puiseux (titre original t. 493, Braque, p. 148.)

Rôle de la monstre de 65 hommes de guerre à cheval de la compagnie de M. Dauger. — Martin de Puiseux y figure en qualité de maréchal de logis.

(Titre original).

Ma conduite au cours de la Révolution.

Versailles (9 novembre 1814).

Procès-verbaux des séances de la section dite de Beaurepaire (décembre 1792).

*
* *

Cretineau-Joli. — *Histoire de la Vendée militaire* T. IV. pages 547 — 548 — 549.

*
* *

Marquis de Ségur : *Madame Molé, née de Lamoignon*.

*
* *

Henri de Puiseux en Vendée et en Portugal.

(Dentu, éditeur.)

*
* *

Imbert de Saint-Amand : *La Duchesse de Berry et la Vendée*.

(Dentu.)

*
* *

D'Availles : *Vie du général d'Autichamp*.

Clouzot, éditeur à Niort. p. 169. 170.

*
* *

Déclaration légalisée de Jean-Paul de Vendomois-Fontaine, établissant l'antique origine des Puiseux.

Salles, 21 janvier 1815.

*
* *

Gazette des Tribunaux.

Nº 2444 (1834.)

*
* *

Annales historiques.

45 années, 54 volumes.

*
* *

Etc, etc.

ÉDITÉ AUX BUREAUX DE *L'ARMORIAL FRANÇAIS*

47, BOULEVARD DE LA TOUR-MAUBOURG

PARIS

IMPRIMÉ A L'IMPRIMERIE DES APPRENTIS-ORPHELINS

40 RUE LA FONTAINE. — PARIS-AUTEUIL